SOUVENIRS

D'ITALIE.

SOUVENIRS
D'ITALIE.

PAR F. POUCHET.

ROUEN.
IMPRIMÉ PAR D. BRIÈRE,
RUE SAINT-LO, N° 7.
1833.

SOUVENIRS

D'ITALIE.

POMPÉI.

Les annales des désastres humains n'offrent rien d'analogue à la destruction de ces antiques villes qui bordent un des côtés des rivages du beau golfe de Naples, et que le Vésuve engloutit sous des flots de laves et des amas de cendres pendant l'une de ses éruptions : parmi elles, Pompeï et Herculanum forment même la merveille de l'Italie. La Normandie a la gloire de compter parmi ses enfans celui qui découvrit cette dernière ville : ce fut le prince d'Elbeuf, Emmanuel de Lorraine, en 1711.

Rome, Palmyre et Athènes n'offrent plus que les masses de leurs antiques monumens dégradés par le tems ou les outrages des barbares; Pompéï, au contraire, semble avoir traversé les siècles pour révéler à notre âge la pensée de l'antiquité dans toute sa fraîcheur, car, en parcourant les rues de cette ville nouvellement exhumée, il semble que l'on se trouve dans une cité que ses habitans ont momentanément abandonnée pour assister à l'une de ces pompes solennelles où se rendaient parfois les populations entières des contrées de l'antiquité.

En général, on a une fausse idée de Pompéï, et à moins de l'avoir visitée, ou d'être parfaitement initié avec l'art antique, on se figure que ce n'est qu'un village peu considérable: mais l'enceinte des murailles, découvertes naguères, donne aujourd'hui l'idée de sa vaste étendue; malheureusement on ne jouira de toute sa splendeur que dans un grand nombre d'années. Un cinquième seulement de ses monumens est actuellement déblayé. Des architectes ont calculé que l'exhumation complète de cette ville donnerait lieu à une dépense de 2,894,080 fr.; mais comme il n'y a d'alloué chaque année que 25,000 fr., on voit que s'il a fallu cent vingt ans pour parvenir à la découverte de ce que l'on en possède aujourd'hui, il devra s'écouler quatre cent quatre-vingts ans avant que nos descendans puissent jouir de l'aspect général de cette cité.

Cette ville éprouva plusieurs fois la fureur du volcan qui finit par l'engloutir; on ne sait pourquoi Dupaty et d'autres voyageurs disent qu'elle fut victime de la première éruption connue du Vésuve, car cette montagne brûla depuis les époques les plus nébuleuses de l'histoire, et l'on rapporte que ses premiers incendies furent antérieurs à la destruction de Troie. Diodore de Sicile, Vitruve, Denis d'Halycarnasse et Strabon, parlent de ses phénomènes dans leurs écrits. Pompéï repose même sur un sol volcanique, formé probablement par des éruptions du Vésuve qui sont antérieures à sa fondation, et l'illustre géologue Monticelli a reconnu que trois sortes de laves forment le terrain sur lequel est assise cette grande cité. Enfin on peut ajouter, comme preuve de notre assertion, que beaucoup des matériaux qui entrent dans la construction de ses monumens, ne sont que des déjections volcaniques, ainsi que nous l'avons observé sur les théâtres, dans les murailles desquels on a employé une abondance de scories.

Plusieurs années avant le dernier jour de Pompéï, un fatal tremblement de terre alarma toute la Campanie; il arriva la troisième année de notre ère. D'affreuses secousses se firent sentir dans la ville; tous ses monumens furent ébranlés, les marbres se fendirent, et les habitans, saisis d'effroi, abandonnèrent subitement leurs demeures. Le calme s'étant ensuite rétabli, ils y étaient revenus et réparaient leurs édifices, lorsque tout-à-coup, le 23 novembre 79, la fureur du volcan se réveilla avec une affreuse majesté, et, déchirant ses flancs, la montagne rouvrit son immense cratère qui vomit de toute part des laves enflammées dont les flots envahirent Herculanum, tandis que les cendres et les pierres, transportées par les vents, ensevelissaient Pompéï et Stabia, au milieu d'un désordre tel, dans les cieux et sur la terre, que Pline le jeune, épouvanté, s'écria : L'Univers périt.

Quelques savans ont avancé que ce ne fut pas par l'éruption que décrit Pline que Pompéï fut détruite, mais par celle de 471, dont les dévastations ne furent pas moins considérables, et qui éleva une si prodigieuse quantité de cendres, que les rivages du Bosphore et les côtes d'Afrique en furent couverts. Mais ce qui affirme que cette ville fut ensevelie par l'incendie de 79, c'est que, jusqu'à ce moment, aucun des monumens, aucune des monnaies qui y ont été trouvés, ne portent une date postérieure à cette dernière époque.

Nous partîmes de Naples peu de tems après le lever du soleil ; notre voiture roulait avec une admirable vitesse sur les larges dalles en laves volcaniques qui forment la route. A peu de distance, nous rencontrâmes un domestique revêtu de la livrée de la cour ; un modeste tilbury, sans escorte et portant deux personnes, le suivait de près ; celle qui le conduisait nous salua gracieusement en ôtant son chapeau..... C'était le roi des Deux-Siciles.

A mesure que nous nous éloignions de la métropole, la Campanie se déroulait à nos yeux, brillante de majesté. L'astre solaire versait sur toute la nature ces flots d'une lumière pure et abondante qui caractérise l'Italie, et quelques nuages argentés ne semblaient dispersés dans le ciel que pour en adoucir l'azur resplendissant. Sur la terre, l'air s'était embaumé en dérobant le parfum des bosquets de myrtes et des pelouses de lavande et de thym qui bordent la route. Au loin, le magique panorama du golfe de Naples étalait profusément sa richesse à nos yeux, et nous rappelait toute sa poésie. Près de nous s'élevait le Vésuve, dont le front était voilé par un bandeau de vapeurs que perçait de tems à autre, en tournoyant, une épaisse colonne de fumée ; dans le lointain, Sorrente, où naquit le Tasse, et le promontoire de Minerve, baignés par une mer lumineuse ; de l'autre côté, le mont Pausilype, immortalisé par la cendre de Virgile, s'étendait comme un rideau de verdure, en couronnant de ses pins ombellifères l'antique ville de la Sirène.

En continuant notre voyage, nous traversâmes le palais du roi, à Portici, puis Résine, après laquelle on voit partout des fleuves de lave éteinte, se dessinant sur les flancs du volcan, qui se trouve vers la gauche. Partout leurs flots ont traversé la route à des époques différentes, ou ont enseveli des villages. Le Vésuve présente à son pied un vaste champ de cendres, et aussitôt qu'elles sont éteintes, une brillante végétation s'y développe et dispute le terrain aux fournaises envahissantes.

La Tour du Grec offre surtout l'image des ravages de ce volcan. Une éruption produisit, en 1794, un torrent de lave qui, en roulant du haut de la montagne, n'arrêta ses flots brûlans qu'aux barrières que lui imposa la mer. Cette lave embrâsée parvint à remplir les rues, et s'éleva presqu'au sommet des plus hauts édifices de ce village, en engloutissant à moitié le clocher de son église qui se trouve maintenant encore ensevelie sous sa masse solidifiée. Mais, qui le croirait? trente années se sont à peine écoulées, et tout est rebâti et plus florissant que jamais.... ; il semble que les habitans qui vivent sur les pentes du Vésuve défient son cratère, et lui disputent continuellement son empire. Mais si les laves et la cendre engloutissent les villes et brûlent les moissons des terrains tremblans de la montagne, en récompense elles leur apportent la fertilité et la vie, et, encore échauffées, elles nourrissent le plus beau raisin de la terre, celui qui fournit le Lacrima. Près de là, sur le penchant du Vésuve, est un couvent de religieux, souvent forcés d'abandonner leur demeure, quand la montagne gronde et que ses feux menacent de les environner.

Enfin, après avoir traversé la Tour de l'Annonciade, nous arrivons au but de notre voyage. Nous entrâmes à Pompéi par le quartier des soldats; les colonnes qui s'y trouvent portent encore de burlesques dessins exécutés sans doute par eux, comme une distraction à l'oisiveté du corps-de-garde. Nous errâmes ensuite dans la ville, en visitant toutes les habitations où se trouvait quelque chose de curieux à considérer.

Tout vit, tout semble animé dans cette cité ressuscitée; les murs sont encore chargés d'avis publics et d'inscriptions : on y lisait naguère l'affiche d'un combat de gladiateurs et d'une chasse d'animaux. Dans quelques cabarets, les liqueurs que l'on venait de verser ont même laissé des taches sur le marbre, et l'empreinte du vase qui les contenait. La cendre des sacrifices couvre encore les autels, et le sang des victimes en rougit la base. Le tems, pour Pompéi, semble avoir enfreint ses terribles lois : il a tout respecté. Les rues sont restées sillonnées par la trace des roues des chars qui les parcouraient. Là, de fragiles coquilles d'œufs que des prêtres épouvantés ont abandonnées sur leur table en fuyant; ailleurs, ce sont des pâtisseries qui ont une apparence de fraîcheur après dix-huit siècles, ou des fruits dont la forme s'est conservée malgré les ans : entr'autres des poires, des prunes et quelques olives qui laissent encore suinter l'huile; on trouva même du fard, ayant conservé sa couleur, sur la toilette d'une Pompéïenne !

Tout respire le luxe et l'aisance dans cette ville; les murs sont revêtus d'un stuc dur et brillant comme le marbre. La majorité des maisons était surmontée de terrasses où le soleil faisait éclore les plus suaves fleurs et mûrissait des fruits délicieux. Partout des peintures homériques embellissent les appartemens, ou bien ce sont des faunes et des bacchantes dont le dessin et le coloris captivent l'admiration. Çà et là des danseuses aériennes qui se groupent et s'enlacent en exécutant des passes voluptueuses dignes du pinceau gracieux du Corrége ou du Titien, et elles réunissent tant de légèreté, qu'elles semblent glisser en volant sur le fond noir qu'elles décorent, comme des ombres diaphanes et fugitives.

Les peintures qui ornent la plupart des appartemens font constamment allusion aux usages de ceux-ci : des philosophes méditant des papyrus indiquent une bibliothèque ; des naïades, des mamelles desquelles s'épanche une eau pure et glacée, décorent les salles de bains ; des poissons, des fruits et des coquillages, le réfectoire. L'officine d'un apothicaire n'avait que des plantes médicinales peintes sur ses panneaux. L'ingénuité préside aux moindres détails extérieurs. Là c'est un marchand de liqueurs dont l'enseigne allégorique représente Ulysse repoussant les perfides boissons de la magicienne Circé ; celle d'un cabaretier offre un Bacchus chancelant, qui presse encore une grappe de raisin sur ses lèvres.

La plupart des belles peintures de Pompéï ont été détachées, et les murailles qui les recélaient transportées, à l'aide d'un encadrement, au musée de Naples. Parmi les grands sujets, on remarque principalement Thésée vainqueur du Minotaure, la nymphe Io transportée en Egypte, et Briséïs enlevée à Achille. La tête du héros Thessalien et celle de son amante sont d'un style *raphaëlesque*, et il règne tant de majesté dans leur dessin et leur expression, qu'il semble, en les voyant, de deux figures dérobées aux Loges du grand maître, et placées parmi les fresques de Pompeï pour les immortaliser. La beauté des peintures retrouvées sous les cendres donne une idée parfaite de l'élévation qu'avait acquise l'art dans l'antiquité, quand on songe que tous ces morceaux relégués pour l'ornement des habitations ont dû nécessairement être produits par des artistes subalternes, analogues à nos peintres décorateurs. On pourrait seulement reprocher à leurs auteurs quelques écarts de dessin ; car, excepté dans les tableaux que nous venons de citer, par exemple, presque toujours les extrémités sont incorrectement dessinées. Mais les draperies s'y trouvent représentées avec une fidélité supérieure ; elles sont bien de gaze, elles ondulent mollement au souffle du Zéphir ; leur transparence est extraordinaire, et l'on n'y trouve point ces plis *scolastiques* qui raidissent si épouvantablement les linges de quelques artistes de l'école moderne. La manière des anciens ne ressemble nullement à la nôtre ; ce ne sont point des teintes mollement fondues ou heurtées avec adresse, qui forment les transitions des couleurs, mais des hachures fines, faites au pinceau, et à l'aide desquelles ils parvenaient à donner tant de vie aux chairs, qu'il semble en voir la fibre vibrer et se contracter.

Dans Pompeï, tout se trouve à profusion pour la commodité ou les plaisirs de la vie, mais on ne découvre point d'hôpitaux pour les malades et les vieillards.

Parmi les monumens, nous remarquâmes principalement le temple d'Isis, bâti par les Egyptiens, qui commerçaient avec le territoire ; un vaste amphithéâtre destiné aux gladiateurs et aux combats d'animaux, un magnifique théâtre pour la tragédie, un autre pour la comédie, le Forum, les Thermes et le Panthéon ; le temple de Mercure, où se voit un bas-relief d'une conservation si miraculeuse, que l'on croirait qu'il vient d'être achevé par le ciseau du sculpteur ; les temples d'Hercule, de la Fortune, de Vénus, et celui d'Esculape ; la maison des Vestales, celle des Grâces, ainsi que celle des Bacchantes ; les habitations de Diomède et du consul ; le tombeau des guirlandes, le monument de la prêtresse Mammia, la douane, la pharmacie, la boutique du boulanger et celle des vendeurs de fruits secs.

C'est près de la vallée des tombeaux qu'est située la maison de Diomède. On y trouva de riches meubles et des parures d'émeraudes et d'or, puis de magnifiques candelabres. Dans les vastes galeries souterraines qui s'y observent, on voit encore les amphores où se conservaient les précieux vins du Vésuve. L'ame est oppressée au souvenir de la tragique catastrophe dont ces voûtes obscures furent témoins. Vingt personnes de tout âge s'y étaient réfugiées pour échapper au désastre, et elles y rencontrèrent une mort affreuse, dont le chantre d'Ugolin pourrait seul tracer les horribles angoisses. Leurs squelettes, trouvés épars, sont venus révéler leur fatal destin, et la cendre qui les recouvrait, consolidée par son mélange avec l'eau, conserve encore l'empreinte de leurs cadavres. Au musée de Naples, on montre aujourd'hui un fragment solide qui s'est moulé sur le sein d'une des femmes que l'on y découvrit, et qui était d'un âge avancé, et non une jeune fille, comme l'ont dit des voyageurs, pour augmenter l'intérêt qui se rattache ordinairement aux grâces de la jeunesse.

Ce ne fut que dans le cours de l'année 1824 que l'on exhuma les Thermes de Pompéi. Si cette ville n'offre point dans ce monument les masses colossales ni ce prestige des arts que l'on rencontre dans ceux de la Grèce et de Rome, où plusieurs milliers de citoyens pouvaient se baigner en même tems, et dans lesquels se trouvaient des bibliothèques et des galeries où l'on offrait à l'admiration des peuples les immortelles productions des Phidias et des Praxitèles, au moins les bains de Pompéi se distinguent par le bon goût qui a présidé à leur construction. On y découvre des salles dont les voûtes sont ornées de travaux gracieux : là se voient des amours s'occupant à des courses légères; ailleurs, des dauphins groupés au milieu d'arabesques. A l'entrée de ces Thermes était la demeure du gardien, et l'on y trouva sa petite épée et l'espèce de tire-lire dans laquelle il amassait la modique rétribution des baigneurs.

La maison de la fontaine en mosaïque est remarquable par la beauté du petit monument qui lui donne son nom. Cette fontaine présente une niche revêtue d'émaux colorés et de coquilles qui forment des dessins variés. Deux masques creux en marbre de Paros étaient destinés à recevoir des lampes derrière eux, et la lumière qui se projetait par leurs yeux et leur bouche éclairait bizarrement le bassin situé au-dessous, et dans lequel on pouvait se baigner. Ce fut, assis sur les bords de celui-ci, que nous dînâmes frugalement, environnés de tous les souvenirs de l'antiquité.

Aucune maison de Pompéi n'égale en splendeur celle que l'on suppose avoir appartenu au consul de cette ville, et que l'on vient de découvrir récemment. Tout y respire le luxe et la fortune ; de belles cours, ornées de colonnades, contribuent à son embellissement ; on y rencontre chaque jour des objets d'un grand prix et des bijoux d'or et d'argent. Parmi les choses les plus remarquables découvertes dans ce palais, on doit noter une magnifique mosaïque devenue l'admiration des antiquaires, et qui est certainement la plus belle et la plus grande que nous ait léguée l'antiquité ; elle a vingt-deux pieds de long sur onze de hauteur. C'est une bataille d'Alexandre qu'elle représente ; le dessin en est large et sévère, le coloris frais et vrai ; on remarque principalement la figure noble du monarque grec, et celles de quelques combattans dans lesquelles brille une sauvage énergie ; un cheval expirant sous son maître captive également le regard par l'expression déchirante de la douleur qui se peint sans contorsions sur sa physionomie. Certes, en voyant ce morceau, il est impossible de dire que les peintres de notre époque sont les seuls qui aient rendu les sensations des animaux. Ce beau travail fut découvert dans le mois de décembre de l'année dernière.

Avant la sortie de la ville, en se dirigeant vers la vieille route d'Herculanum, on nous montra un chemin couvert qui descendait sur le port. Mais quels changemens se sont opérés avec les siècles ? La mer, qui baignait anciennement les murailles de la cité, et laissait les flottes chargées des richesses commerciales entrer dans son sein, en est maintenant éloignée de plusieurs milles, et ses rivages en sont séparés par des plantations d'oliviers. Près de cet endroit, on découvrit la douane, monument de peu d'apparence, mais que l'on put reconnaître, à l'aide des nombreux instrumens de jaugeage qu'il contenait.

Parfois, en errant dans Pompéi, la pensée, trompée par

les yeux, traverse les siècles et les révolutions du globe et de l'humanité, et s'identifie tellement avec les âges romains, qu'il semble que le mouvement et la vie vont apparaître dans la ville silencieuse, et que les citoyens vont animer ses rues et ses temples, auxquels, pour un moment, l'excessive chaleur leur a fait préférer le doux repos. Si on pénètre dans une maison à l'aube du jour, on croit que l'on y va découvrir encore le Pompéien donnant audience à ses amis et à ses parens, ou bien que l'on va le rencontrer, allant en hâte au forum ou aux tribunaux, entouré de ses cliens et de ses protégés, tandis que son épouse abandonne sa couche voluptueuse pour jouir des délices d'un bain, autour duquel des esclaves étendent des rideaux de pourpre chargés d'étoiles. L'imagination nous représente ensuite la Pompéienne s'occupant de sa toilette, à laquelle assiste, par une faveur spéciale, quelque philosophe qui l'entretient de littérature ou de théâtre, ou quelque fleuriste campanienne qui lui offre des bouquets de roses de Pœstum, qui fleurissent toute l'année; là, il semble encore la voir environnée de ses serviteurs obéissans, qui prodiguent des parfums autour d'elle et l'oignent des essences odoriférantes les plus précieuses de l'Asie. Quelquefois aussi les décorations somptueuses de certains appartemens rappellent les banquets que l'opulence se plaisait à donner: c'était là que se faisaient les libations et qu'on se passait tour-à-tour la coupe de l'amitié, après que le chef du logis y avait effeuillé des roses et l'avait approchée de ses lèvres; dans cet appartement, souvent une musique séduisante se faisait entendre pendant les repas, tandis que d'aimables bacchantes, connues sous le nom d'Ethérides, formaient des danses ravissantes dont la volupté et la grâce étaient l'écueil de la sagesse.

Tout révèle au penseur le dernier moment de Pompéi. Là ce sont des sentinelles à la porte du trésor public, et qui expirèrent sans abandonner leur poste. Plus loin, un ministre d'Isis, chargé des vases sacrés, fuyait le temple de ses dieux, quand la mort le frappa sur la place publique où fut découvert son squelette. Dans un autre endroit, des voleurs trouvèrent le trépas quand ils se disposaient à violer la demeure des citoyens absens : les fausses clefs découvertes parmi leurs ossemens témoignent de leurs coupables projets. Partout des calamités; partout des mères et des enfans près d'elles, ensevelis dans des endroits où ils avaient cherché un refuge. On retrouva les squelettes de deux amans ou de deux époux réunis par un éternel embrassement. En général, on se figure que le nombre des morts fut bien moindre qu'il ne se trouve, en effet, car plus de 160 squelettes humains ont déjà été découverts.

Nous sortîmes de la cité antique par la Vallée des Tombeaux; dans cet endroit, le marbre s'élève en magnifiques colonnes, ou s'étend en longs panneaux pour décorer fastueusement le séjour de la mort. Sur un des sarcophages les plus somptueux, on remarque un bas-relief en marbre représentant un navire échappé aux écueils, s'abritant dans un port, et sur lequel de petits génies carguent les voiles : touchant emblême qui réconcilie avec les terreurs du sépulcre, et qui semble indiquer que ce n'est qu'aux portes de l'éternité que nous trouvons le calme et la béatitude.

Ce ne fut qu'à regret que nous abandonnâmes Pompéi : mais il fallait gravir le Vésuve, et l'heure s'avançait trop pour nous permettre d'y rester davantage. En montant en voiture, de pauvres enfans nous offrirent quelques grappes du raisin délicieux qui croît sur les masses de cendres qui ensevelissent encore la ville; d'autres nous présentèrent des fruits de cotonniers (1) tout chargés de laine, c'est l'offrande qu'ils font ordinairement au voyageur européen qui vient visiter leur contrée, et se trouve étonné en apercevant les vastes champs où se cultive cette plante naguère étrangère, mais maintenant devenue une nouvelle source d'abondance et de richesse pour l'heureuse Italie !

(1) Gossypium siamense.

NAPLES

ET

LES LAZARONI.

Naples et les Lazaroni.

Notre bâtiment passa entre l'île de Procida et le cap Misène, qui rappelle l'infortuné compagnon d'Enée, et bientôt après nous mouillâmes au milieu du golfe de Naples. Je ne décrirai point notre traversée, car le départ ou l'arrivée d'un bateau à vapeur n'ont rien d'intéressant ni de poétique. Quand il se met en marche, on ne peut pas dire que les matelots s'élancent dans les cordages, ou que le zéphir enfle doucement les voiles; toute l'action se réduit trivialement, pour un *steamboat*, à mettre le feu sous la marmite. Cependant, quand d'épaisses ténèbres s'étendent sur les ondes soulevées en immenses vagues, et que le vent contraire souffle impétueusement dans les cordages, un bâtiment à vapeur, qui avance malgré le tumulte de la tempête, a quelque chose qui tient du prodige : le feu ardent de ses fournaises, les masses d'eau qui se précipitent et bouillonnent dans les roues, en laissant une longue traînée phosphorescente sur les flots, les tourbillons de noire fumée qui s'étendent sur la mer, et les coups redoublés de la machine qui maîtrise les élémens conjurés, donnent à ces sortes d'embarcations quelque chose d'effrayant et de vraiment infernal.

C'est vu de la mer que Naples apparaît dans toute sa beauté, et que l'on peut s'écrier avec l'Italien : *Vedere Napoli et poi morire.* Mais, pour rester sous l'empire du charme, il ne faut pas se plonger dans les rues étroites et malpropres de la métropole des Deux-Siciles. Quoi qu'il en soit, excepté Gênes, dont l'amphithéâtre de maisons et les palais de marbre rivalisent avec la magnificence de Naples, rien n'est plus enchanteur que l'aspect de cette ville. De tous côtés s'élèvent des clochers d'églises, dont les dômes paraissent revêtus d'or; l'œil supporte même difficilement l'éclat dont ils brillent sous certains angles de lumière ; mais leur prétendue dorure ne consiste qu'en tuiles vernies de couleur jaune, avec lesquelles on forme des dessins sur une teinte plus foncée. Certes, on pourrait adopter en France ce mode peu coûteux de couvrir les édifices, et qui n'aurait point l'inconvénient de se ternir comme la coupole des Invalides, qui, à peine terminée depuis quelques années, s'est déjà toute noircie au contact de l'atmosphère.

Aussitôt que l'on arrive, les Napolitains vous parlent de la magnifique rue de Tolède, du théâtre Saint-Charles et du fanal du port, triplicité monumentale, objet constant de leur admiration; mais ils oublient ordinairement les *Studii*, palais nouvellement bâti, qui renferme une des plus belles collections de tableaux et d'antiquités qui soit au monde. C'est pourtant là où des étrangers instruits volent d'abord.

Sous le péristyle de ce monument on s'étonne en voyant une statue colossale en marbre, représentant Minerve affublée d'une figure d'homme, bien moins gracieuse que celle de la déesse... C'est le buste de l'un des derniers rois du pays que l'on a eu le goût bizarre de placer sur les épaules de la fille de Jupiter. Dans la partie inférieure du palais des Studii, on trouve plusieurs grandes salles contenant les peintures, les mosaïques et les inscriptions remarquables recueillies à Pompéï et à Herculanum; une salle est destinée aux monumens égyptiens, plusieurs autres renferment les statues antiques en marbre; une seule est remplie des bronzes. Parmi ces derniers, on remarque principalement un Hercule enfant, étouffant les serpens envoyés contre lui par Junon; il est gros et lourd, mais c'est un Hercule. Près de lui est un Mercure en repos; c'est un des chefs-d'œuvre de l'art antique. Le calme qui règne dans toute cette figure, de grandeur presque naturelle, captive principalement l'admiration : on veut la revoir encore! Mais, hélas! elle est bien vite oubliée quand on aperçoit un petit faune dansant, qui se trouve à quelques pas d'elle. Toutes les sculptures qui sont passées sous les yeux s'effacent en présence de celle-ci : c'est une figure d'environ deux pieds de hauteur; elle danse si bien, elle est si animée, ses muscles se contractent avec une si molle aisance, qu'il semble qu'on les sentirait palpiter si l'on y portait la main. L'anatomie en est parfaite, les faisceaux musculaires du dos, des épaules et du ventre, n'ont jamais été reproduits avec plus de fidélité et de mouvement. Au premier sont la bibliothèque, la galerie de tableaux, des salles remplies d'armes ou d'ustensiles trouvés à Pompéï et à Herculanum. On y voit aussi douze ou quinze cabinets renfermant des vases étrusques, et la collection phallique. C'est également à cet étage que se trouvent les précieux manuscrits d'Herculanum; l'écriture en est restée parfaitement lisible et se présente en couleur d'un beau noir luisant sur le fond charbonné du papyrus. On étend leurs rouleaux par un procédé simple et bien ingénieux, consistant à coller avec de la gomme de la peau de baudruche sur le cylindre qu'ils représentent, et à les dérouler successivement sur cette mince membrane. Par ce moyen on enlève séparément chaque feuillet, et l'on restitue ces productions extraordinaires arrachées aux incendies du Vésuve.

Les étrangers se portent en foule au théâtre Saint-Charles, dont la célébrité est européenne. Quand on assiste sans prévention à quelques-unes de ses représentations, on n'est pas long-tems à trouver qu'à certains égards il est inférieur à sa renommée. La salle est immense et plongée dans les ténèbres; c'est à peine si un lustre d'une vingtaine de quinquets laisse quelques lueurs briller sur les magnifiques dorures qui en recouvrent toute la surface; aussi, l'œil n'est jamais séduit par ce concours du beau sexe qui fait l'ornement des théâtres de la France et de l'Angleterre, car la distance et l'obscurité empêchent de bien voir les assistans. Dans un vaste orchestre, exécutent cent musiciens; c'est vraiment le temple d'Orphée.

Les Napolitains, naturellement amateurs du chant, poussent jusqu'au délire les honneurs qu'ils adressent à leurs plus célèbres cantatrices; quand la Malibran a chanté, les dilettanti la rappellent jusqu'à six ou huit fois sur la scène pour lui offrir des hommages qui semblent bien peu galans quand ils sont aussi longuement répétés. Mais, si à Saint-Charles est le triomphe de l'opéra, les ballets y sont représentés bien mesquinement. Des décors et des costumes qui ne riment à rien, des danseuses aux bas mal tirés et aux souliers sales, d'inconcevables anachronismes, une action qui consiste pour tous les personnages à tendre les bras d'un côté et successivement de l'autre, et donne à la scène l'aspect d'un théâtre rempli de pièces mécaniques, voilà l'analyse des pantomimes tant renommées de la première scène de l'Italie. La tradition n'y est guère plus en honneur : dans Inès de Castro, nouveau ballet intitulé pompeusement historique, la belle maîtresse du fils d'Alphonse IV est poignardée au milieu d'un magnifique incendie, par un ministre qui en était devenu amoureux; et presqu'en dansant, elle tire de son sein une pièce de laine rouge qui, en s'agitant, imite un torrent de sang..... Que l'on juge du reste, quand on voit représenter si sèchement des malheurs que le Camoëns a embellis de tous les charmes de l'imagination et de la poésie.

Les rues de Naples sont bien différentes des nôtres; elles sont tellement obstruées d'immondices qu'à chaque instant on y rencontre des cochons noirs et gras qui y trouvent leur nourriture; et au lieu de nos riches et brillantes boutiques, de tous côtés, dans cette ville, on n'aperçoit que de petites et obscures échoppes que leurs propriétaires n'habitent pas, car le serrurier et le menuisier sortent le matin leur forge et leur établi, et tiennent leur atelier en plein air, dans ce pays où la pluie ne vient pour ainsi dire jamais troubler leurs travaux, et quoique la voie publique soit assez large, elle est presqu'entièrement obstruée par ces artisans. La fameuse *strada di Toledo* ne se distingue des autres que par sa plus grande longueur, et si l'on se figure le bruit des voitures et des chevaux qui se succèdent sans relâche en écrasant les pieds des passans, le tumulte des marchands de fruits qui obsèdent ceux-ci, et les cris des pêcheurs qui offrent du poisson, et que l'on joigne à cela le coup-d'œil animé des curieux qui vont et viennent en se coudoyant, et que les mendians et les lazaroni salissent et exploitent, on aura un aperçu de la plus belle rue de Naples. Le soir ses rares réverbères la laissent plongée dans une demi-obscurité; car nuls cafés ne l'éclairent de leur excédant de luminaire; le meilleur glacier n'a qu'une bicoque où l'on est servi sur des tables en bois vermoulu, qu'une lampe du quinzième siècle éclaire.

Mais ne nous plaignons pas, car ces réverbères, dont les avares rayons permettent encore assez bien de se guider, sont dus à un progrès récent. Il y a quelque quarante ans, Naples était plongé dans de plus profondes ténèbres, et les coups de stylet et les vols se multipliaient d'une manière effrayante. Voici comment se perfectionna l'éclairage:

A cette époque, il existait à Naples un vieux capucin qu'on nommait le père Roch; ses sermons n'avaient jamais retenti sous les voûtes dorées des églises; c'étaient les échos des places publiques que frappaient les foudres de son éloquence. Quoique n'ayant rien de la majesté sublime de Bossuet, ni de la douceur persuasive de Fénélon, ses exhortations avaient pour la populace napolitaine, fanatique et abrutie, un charme que leur donnait la voix de Stentor du révérend, et la pantomime énergique dont il accompagnait ses menaces ou ses bénédictions : quoi qu'il en fût, il prêchait bien, puisqu'il savait se faire entendre. Ce vénérable homme participait à de doubles fonctions : tantôt en expliquant à la foule les tables de la loi sacrée, d'autres fois en lui commentant les réglemens de police. Il était devenu l'idole du peuple, et se trouvait son seul intermédiaire près du gouvernement. Aussi, malgré son allure tudesque, il faisait beaucoup de bien, et s'attirait la reconnaissance de tous. Les magistrats, alarmés des désordres nocturnes, mandèrent le père Roch pour aviser au moyen d'y remédier ; celui-ci promit de les faire cesser par son influence. Le lendemain, il monte sur une escabelle, et les ouailles accourent en masse et remplissent toute la place : ce jour-là, son air était furieux, des étincelles de feu jaillissaient de ses yeux ; il commença avec une voix formidable, en lançant l'anathème sur toutes les têtes, et la terreur frappa la tumultueuse assemblée... « Vous êtes des païens, leur dit-il. Quoi ! vous croyez qu'un culte stérile, ou que vos reliques de la madone ou des saints du paradis doivent vous conduire au ciel ! Et quand, chaque soir, en face de leurs images sacrées, vous volez ou vous assassinez, vous croyez pouvoir éviter la damnation éternelle !.... Pervers !.... Infâmes que vous êtes !.... savez-vous ce qu'il faut aux saints pour qu'ils intercèdent pour vous ? Il leur faut de l'encens ou des prières, et il faut que leurs images, nuit et jour éclairées, puissent être à toute heure l'objet de la vénération, et que les lieux de prières et de recueillement ne soient pas à chaque instant témoins de vos larcins et de vos assassinats... » Ces paroles répandirent l'effroi parmi tout le peuple; il obéit à la voix du religieux, et, le soir, toutes les madones qui décorent les rues étaient pieusement éclairées. Cette coutume se continua. Les Français vinrent bientôt après en Italie apporter leur civilisation et leurs mœurs; ils placèrent les premiers réverbères, et les princes actuels perfectionnèrent encore un peu ce que nous avions commencé.

On a généralement une fausse idée de ces pauvres diables que leur nudité a fait nommer lazaroni, et que certains voyageurs décrivent comme des espèces de cannibales se nourrissant *d'entrailles d'animaux*, ou comme de farouches assassins dont le stylet est toujours levé sur la poitrine des étrangers: il ne faut vraiment voir dans les lazaroni qu'une population de porte-faix, de mendians et de paresseux, ordinairement vêtus d'une simple chemise et d'un court caleçon, et qui passent leur tems à implorer la miséricorde publique ou bien à dormir sur les marches des édifices ou le sable du rivage, aussitôt que quelque aumône leur a assuré la subsistance d'un jour. Il n'y a pas long-tems même que le luxe de la chemise s'est introduit parmi eux. Ce fut la princesse Caroline Bonaparte, qui, ayant été choquée de leur nudité, les obligea de porter ce vêtement; mais l'on en rencontre encore quelques-uns dont tout le costume se réduit au simple caleçon. Ces exigences de l'épouse du roi ne les empêchèrent pas cependant d'aimer celui-ci; Murat, qui leur donnait des spectacles, et des repas où le *Rossoglio* coulait en abondance, était leur idole; beaucoup parlent encore de lui avec reconnaissance, et, à chaque instant, ils citent même le nom chéri de *Mouratte*, en montrant les innovations heureuses dont l'Italie lui doit le bienfait.

Le peuple napolitain prend un plaisir infini à aller en voiture. Les plus misérables y vont, et l'on rencontre quelquefois dix ou douze individus empilés dans un petit cabriolet à deux places. On voit même de joyeuses familles, allant à la guinguette chercher l'ivresse et le bonheur, placer quelques-uns de leurs parens sous la caisse de la calèche qui les transporte quand celle-ci est remplie par les personnages les plus vénérables de la réunion.

La dévotion ne peut chomer à Naples : plus de trois cents églises sont ouvertes aux fidèles ; il n'y a pas de rue, si petite et déserte qu'elle soit, qui n'ait la sienne. Les autels en sont richement décorés; ceux où l'on adore la Vierge se trouvent profusément ornés du bizarre assemblage d'une foule d'objets constatant les miracles de la mère divine. On y voit de nombreux tableaux représentant des personnes au milieu des dangers imminens dont elles ont été préservées par le secours du ciel ; les unes se noient, d'autres sont écrasées par des voitures ou tombent sous le fer assassin ; mais ce qui présente encore un bien plus singulier, mais surtout moins flatteur coup-d'œil, ce sont les têtes ou les membres en cire, couverts des plaies ou des ulcères dont ils ont été guéris, ou les groupes de pistolets ou de poignards auxquels ont échappé les donateurs par l'intercession de la madone, et que leur dévotion et leur reconnaissance ont suspendus religieusement en *ex-voto* pour constater le prodige.

La Vierge est surtout en grande vénération dans la ville qui nous occupe ; chaque lazaroni porte une madone sur son sein, et au fond de toutes les boutiques de Naples, même de celles des apothicaires et des cabaretiers, l'on voit une image de la mère du Christ, que l'on illumine le soir, et c'est devant un tel objet de vénération que, chez ces derniers, les buveurs et les ivrognes blasphèment toute la journée! Telles sont les mœurs.

L'Averne

ET

LES CHAMPS-ÉLYSÉES.

L'AVERNE ET LES CHAMPS-ÉLYSÉES.

Le paganisme se plaisait à tout réaliser ; ses dieux avaient les passions et la figure de l'homme, et le génie des anciens plaçait sur la terre le séjour des tourmens et celui de la béatitude. Les environs de Naples s'étaient trouvés favorisés sous ce rapport par les poètes, car on y rencontre à-la-fois l'entrée du Tartare et les Champs-Elysées, et en un jour l'on peut visiter le sombre empire, et les délicieuses campagnes où erraient les ames heureuses.

Le voyage au lac Averne est vraiment le plus poétique que l'on puisse entreprendre ; c'est là que se réalise l'un des plus admirables chants de l'Eneïde, et malgré les siècles, on peut y suivre encore la marche du héros troyen, car la terre n'y a rien perdu de sa magie virgilienne. En se dirigeant vers ce lac, on passe par la grotte de Pausilype, route souterraine qui traverse la base de la montagne de ce nom, et dont l'obscurité met souvent les piétons en danger d'être écrasés par les nombreuses voitures qui roulent avec rapidité sur la pente des dalles unies qui la pavent. C'est à l'entrée de cette excavation que s'élève le tombeau de Virgile; il est suspendu sur l'un des côtés de son ouverture; les tems et les pélerins ont anéanti le laurier de Pétrarque et celui de Delavigne; maintenant des ronces couvrent le sarcophage du chantre immortel, et leurs longs filamens le dérobent à la vue; seulement un vieux chêne lui prête son ombrage : c'est le roi des forêts qui protège la cendre du prince des poètes.

Au-delà de la voie souterraine s'offre un chemin vraiment théâtral; de chacun de ses côtés, on découvre une forêt d'ormes, auxquels sont suspendues de vigoureuses vignes, dont les bras tortueux s'élancent de branche en branche ou passent d'arbre en arbre en convertissant ces plantations en d'immenses tonnelles, richement décorées des présens de Bacchus; çà et là d'énormes pampres traversent même la route en suspendant leurs longues grappes sur la tête du voyageur émerveillé.

Pouzzole apparaît bientôt après. On ne rencontre plus aujourd'hui que quelques barques dans le port abandonné de cette vieille cité, qui mérita le nom de reine des mers; elle, que sa splendeur faisait comparer à Délos, et qui voyait mouiller dans son golfe les flottes de Tyr et de l'Egypte. Les siècles, et surtout les barbares, dont la main est encore plus rapide, ont amené son anéantissement, et l'on n'y trouve plus que dix mille habitans. Ceux-ci, peu difficiles sur le choix de leurs monumens, ont replâtré un ancien temple consacré à Auguste sous le nom de Jupiter, pour le métamorphoser en cathédrale; les colonnes corinthiennes que l'on voit à l'extérieur constatent ce larcin. Le Colysée, élevé pendant la prospérité de cette ville, et qui, par ses dimensions, surpasse celui de Rome, offre encore de nombreux vestiges. C'est dans son arène que les lions et les tigres s'agenouillèrent devant Saint-Procul et Saint-Janvier, dont l'histoire est si populaire dans toute la contrée; et une petite chapelle, construite sous ses voûtes obscures, rappelle ce miracle aux ames pieuses.

L'enceinte de cette cité renferme les ruines fameuses du temple de Jupiter Sérapis, que l'antiquaire et le géologue visitent avec tant d'intérêt, et qui ont donné lieu à de si singulières hypothèses. Maintenant, ce monument se trouve environ au niveau de la mer, près des rivages de laquelle il est situé; mais ses hautes colonnes de marbre cipollin attestent, par les nombreuses coquilles qui les ont perforées, que l'eau s'est élevée de plusieurs coudées dans cet édifice, à des époques inconnues aux traditions, et probablement pendant les éruptions volcaniques, qui ont si souvent changé la surface de cette région de l'Italie.

Non loin de Pouzzole est la Solfatare, montagne volcanique dont les feux sont incomplétement éteints; ses sommets déchirés, image vivante des convulsions du globe, furent le théâtre des combats d'Hercule contre les géans: c'est là que les théogonies païennes placent les champs Phlégréens. Le minéralogiste explore son cratère avec une vive curiosité. Il y trouve de magnifiques échantillons de soufre natif, que l'on recueille dans des terrains encore brûlans, d'où s'exhalent des vapeurs suffocantes. Sur les parois boisées de l'excavation, on observe de place en place des tourbillons de fumée, qui, en s'élevant, indiquent autant de petites bouches ignivomes encore en activité.

Quand on se dispose à visiter les sites du golfe de Baies, c'est aux environs du temple de Sérapis que l'on prend une barque, des rameurs et un guide. Là, de tous côtés, s'offrent des souvenirs ! Sur l'amphithéâtre que forme l'une des montagnes qui bordent la plage, on observe les ruines de la maison de Cicéron. La mer elle-même paie son tribut à l'antiquaire ; de place en place s'élèvent, au-dessus d'elle, des arches en briques, qui ont lutté victorieusement contre les flots et les siècles, en attestant la plus vaste entreprise que le génie humain ait opposée aux élémens : ce sont les débris du pont que Calicula imposa à la mer, pour se rendre en vainqueur, à travers le golfe de Baies, à Pouzzole qu'il assiégeait.

On débarque d'abord près du lac Lucrin ; une simple langue de terre le sépare de la Méditerranée : ce fut dans ses eaux, anciennent célèbres, que, pour la première fois, on parqua les huîtres, et c'était de là que les Romains tiraient toutes celles qu'ils consommaient sur leurs tables, où, plus rafinés que nous, ils avaient l'habitude de les servir couvertes d'une couche de glace. De nos jours, le lac ne nourrit plus ces précieux coquillages.

Après l'avoir visité, il faut se diriger vers l'Averne. La vallée qui y conduit est étroite ; un de ses côtés est formé par le *Monte-Nuovo*, que les géologues reconnaissent à son air de jeunesse; cette singulière montagne fut tout-à-coup vomie par la terre dans l'espace d'un jour, en 1528, au milieu d'une éruption volcanique qui ébranla toute la contrée.

Après quelques minutes de marche dans cette gorge, on aperçoit la terne surface du lac redoutable; celui-ci est totalement encaissé par une couronne de montagnes arides qui, en s'élevant au-dessus de ses eaux, permettent à peine à la lumière de dissiper l'ombre et les brouillards qui les couvrent ordinairement; ses antiques bords sont encore obstrués par d'épais roseaux. Quand leurs environs étaient obscurcis par cette noire forêt où pétillait le rameau d'or, le sombre aspect du site devait encore augmenter, et les vapeurs continuelles qui séjournaient alors sur l'Averne, purent accréditer l'opinion qu'un air empesté et que les génies du mal planaient sans cesse sur les ondes immobiles qui baignent l'entrée de l'infernal empire.

C'est près des rives de ce lac que se trouve l'antre de la sybille; de hauts châtaigners l'ombragent, et le lierre rampant le masque. Nous nous plongeâmes dans ce souterrain, à l'aide de flambeaux. Après un certain trajet, et quand déjà nous n'apercevions plus la clarté du jour, nous découvrîmes l'ouverture étroite et enfumée qui conduit au lieu où se rendaient les oracles; alors nous vîmes apparaître une dixaine de lazaroni, à la mine rébarbative, qui nous enlevèrent presque malgré nous sur leur dos pour nous transporter dans l'asile de la prophétesse, à travers l'eau infecte et les éboulemens qui en obstruent le passage. La lumière des torches de notre guide disparut bientôt, et nous nous trouvâmes à la merci de nos porteurs qui marchaient intrépidement, tandis que nos coudes et nos têtes labouraient les aspérités de l'irrégulière gorge par laquelle nous passions. La ténébreuse horreur de ces lieux rappelait les exhortations que la prêtresse y adressait au prince troyen, lorsqu'il descendit chez les morts :

Nunc animis opus, Æenea, nunc pectore firmo.

Au bout d'un moment, nous fûmes déposés dans l'endroit où la sybille furieuse, et le visage enflammé, dévoilait l'avenir, vaincue par les assauts du dieu qui la domptait. Les parois noircis de ce séjour d'épouvante étaient animés par la sauvage physionomie de nos lazaroni, sur lesquels tombaient les rougeâtres rayons de nos flambeaux, et ils apparaissaient à travers leur fumée épaisse comme des émissaires de la damnation. Après avoir traversé encore de l'eau, nous nous acheminâmes dans la gorge qui conduit aux enfers ; mais si la pente en était douce et facile du tems de Virgile, maintenant elle est rude et dangereuse, car à chaque instant, les pieds roulent sur des cailloux ; bientôt, même, nous la trouvâmes totalement obstruée, et nous fûmes forcés de revenir sur nos pas, charmés d'avoir pénétré autant qu'il est humainement possible dans le sentier du Tartare.

Ensuite il faut se rembarquer, et après un trajet d'un quart-d'heure, on aborde à Baies. Quels hommes que les Romains !.... partout le prestige de leur puissance se décèle par des monumens. Là, de tous côtés, on voit surgir des temples : dans les bois touffus qui descendent jusque sur la plage, on remarque celui de Vénus-Génitrix, dans lequel se trouvent encore les vestiges des appartemens destinés aux époux qui venaient implorer la fécondité ; plus loin, ceux de Diane-Lucifère, et de Mercure, dont l'intérieur est tapissé par d'amples rideaux de capillaire. Du sein des flots s'élèvent les ruines des autels d'Hercule, sur les degrés desquels aborda Agrippine échappée au naufrage. Dans l'éloignement des pentes de l'Appenin qui se plongent vers le golfe, se voient les portiques écroulés d'un temple construit près la mer, comme un fanal d'espérance, et consacré à Neptune pour qu'il protège ces rivages. Anciennement, on découvrait encore dans ses environs le monument élevé à la gloire d'Apollon par la reconnaissance de Dédale, sur le lieu où s'arrêta son vol, et dans lequel il consacra ses aîles ; l'incomparable artiste l'avait orné des précieux travaux de son burin ; mais, quand il essaya d'y représenter sur l'or la chute d'Icare, deux fois l'instrument s'échappa de ses mains paternelles.

Bis conatus erat casus effringere in auro ;
Bis patriæ cecidere manus.

Comme le terrible niveau du tems s'est apesanti sur Baies ! Que sont devenus ces palais que fréquentaient les rois? Là, sur des couches jonchées de roses reposaient voluptueusement de lascives courtisanes. Ailleurs, on les rencontrait dans des barques décorées de banderolles de pourpre et d'azur, et au devant desquelles leurs adorateurs semaient des fleurs sur les flots. Tout n'est plus que ruines ! De misérables pâtres s'endorment sur les parvis des Césars! L'air lui-même s'est altéré, et partout il enfante la langueur et la mort. Les monumens construits sur la pente des rochers se sont écroulés dans la mer, et, pendant la tempête, ses vagues rejettent parfois des débris de la belle cité sur la plage, comme pour rappeler aux générations la puissance des siècles!

En abandonnant ces ruines, si vivantes par leurs souvenirs, on se plonge dans une petite vallée ombragée d'oliviers, puis, en montant, l'on arrive enfin au plateau d'une montagne, actuellement plantée de vignes, et sur le revers enchanteur de laquelle Virgile plaça son Elysée. Les poésies les plus suaves ne pourraient peindre la beauté de ces lieux, qu'un ciel de lapis couronne; la mer murmure aux pieds de cette colline, et l'on découvre au loin les rivages de l'antique Italie et la perspective de leurs tours, placées de distance en distance, par les débiles successeurs des Césars, pour se défendre des invasions barbaresques. Des Champs-Elyséens, la vue découvre encore les îles d'Ischia et de Procida, bordées de palais et de cabanes, et, dans le lointain, Caprée, qui rappelle à-la-fois l'infâme Tibère et la gloire de Lamarque et de nos armes.

Tel est l'emploi d'un jour en Italie.

DEUX MONUMENS

DU CHRISTIANISME.

DEUX MONUMENS

DU CHRISTIANISME.

Quand le ciel est pur, et que l'atmosphère des rivages d'Italie présente sa transparence de cristal, en voguant sur la mer qui baigne l'antique Latium, on aperçoit au loin la coupole de Saint-Pierre de Rome, qui dessine sa masse à l'horizon, en s'y confondant avec les sommets déchirés de l'Apennin. La croix qui surmonte l'édifice et s'élève vers les cieux annonce au loin sur les flots la métropole de la chrétienté.

C'est non loin du Tibre et du mausolée d'Adrien, et au fond d'une place dont l'audacieuse colonnade frappe d'admiration et de surprise, que s'offre la basilique de Saint-Pierre. Ce monument, que plusieurs volumes suffiraient à peine pour décrire, est construit sur les jardins dans lesquels Tacite mentionne que Néron fit massacrer les chrétiens. Mus par l'ambition d'élever une église dont la magnificence pût égaler celle du temple de Salomon, les papes y accumulèrent, pendant trois siècles et demi qu'on fut à la bâtir, les richesses de toute espèce et les productions des plus grands artistes du tems.

Cette basilique de Rome résume entièrement l'époque qui la vit s'élever; le génie entreprenant de Jules II en adopta le plan; Léon X, qui fit éclore tant de chefs-d'œuvre, contribua puissamment à son érection, et Sixte V eut la gloire d'achever sa coupole.

Quand on entre dans Saint-Pierre, la magie de l'art en dérobe d'abord l'immensité. Tout y étant colossal, les points de comparaison manquent, et des statues en marbre de la hauteur de dix-huit pieds, qui sont suspendues sur la tête du voyageur, dissimulent leurs proportions gigantesques; l'illusion ne cesse que quand on aperçoit errer, dans le lointain, quelques prêtres ou quelques curieux qui fournissent alors des images relatives.

Près de l'entrée, les yeux se fixent d'abord sur deux bénitiers en marbre, soutenus par des anges d'une admirable légèreté et qui semblent voltiger en folâtrant autour de l'immense coquille qui contient l'eau sainte. On s'approche de l'ingénieux groupe qu'ils forment pour les voir plus à son aise; mais ce n'est que quand on les touche, et que l'on se mesure près d'eux, que ces petits anges apparaissent dans leur stature colossale de quinze pieds de proportion.

Rien n'égale en richesse l'intérieur de Saint-Pierre. Les marbres et les mosaïques y sont disséminés à profusion. A chaque pilastre se voient de magnifiques tombeaux, ou des statues en marbre ou en bronze, et l'émail et la dorure viennent partout ajouter leur éclat à la magnificence du monument. Chacun des nombreux autels de cette basilique offre aux yeux éblouis des peintures en mosaïques, exécutées d'après les tableaux des grands maîtres, et ces productions impérissables retracent avec tant de perfection les chefs-d'œuvre de Raphaël, du Poussin, du Guide et du Dominiquin, qu'elles ne pâlissent point auprès de leurs originaux, que le Vatican recèle à quelques pas de là.

Au fond du sanctuaire, sont représentés quatre évêques en bronze et de stature colossale; ils soutiennent une immense chaire du même métal; c'est dans l'intérieur de celle-ci que se trouve contenu le modeste fauteuil en bois qui servait habituellement au prince des apôtres.

Au milieu de tant de bronze, de porphyre et de marbres précieux, façonnés par tout ce que l'époque de la renaissance a produit d'artistes transcendans, on arrête son admiration sur le tombeau de Clément XIII, chef-d'œuvre de Canova et de la sculpture moderne. L'harmonie indéfinissable et la majestueuse simplicité de ce monument enchaînent l'œil et la pensée. On y voit deux lions dont l'incomparable beauté efface tout ce que l'antique a produit. L'un d'eux, triste, la tête abattue par la douleur, et les griffes rentrées, semble partager le deuil d'un génie éploré, aux pieds duquel il est étendu; l'autre, les ongles imprimés dans le marbre, la crinière hérissée et la gueule béante, est tout enflammé de colère et paraît prêt à s'élancer pour défendre une majestueuse Religion, statue dont la noblesse et la simplicité contrastent avec le moelleux affaissement du génie affligé. Cette dernière figure tient à-la-fois de l'essence divine et de la nature humaine, et elle a tant de grace et de beauté dans l'expression de sa douleur, que l'on ne voudrait pas, pour tout au monde, voir son visage s'animer d'un rayon d'espérance. Quand on la considère au moment où le crépuscule étend ses vagues rayons dans le monument, la lumière douteuse et rougeâtre des derniers reflets du jour, en s'étalant sur ses moelleux contours, semble animer de ses teintes vacillantes le marbre façonné par le moderne Phidias.

Près de là s'offrent d'autres tombeaux, produits par l'école maniérée du Bernin. Sur l'un d'eux se voit une statue colossale de femme nue, exécutée en marbre ; maintenant, ses formes lourdes et disgracieuses sont voilées par une tunique en bronze. On raconte qu'un pape la fit ainsi vêtir pour mettre fin à la scandaleuse passion qu'un Espagnol, dont le goût n'était pas très-épuré en fait d'arts, avait conçue pour elle.

Rarement on visite Saint-Pierre sans monter à son étonnante coupole ; l'escalier tournant qui y conduit est si doux, qu'on pourrait facilement le gravir à cheval C'est, arrivé sur le plateau, que l'on s'aperçoit de l'immense dimension de ce chef-d'œuvre enfanté par le génie dominateur du plus grand des artistes. Les Romains et l'univers admiraient le Panthéon d'Agrippa ; sa masse et sa légèreté les étonnaient. Le génie de Michel-Ange, ne s'effrayant de rien, promit de transporter le Panthéon dans les nuages ; et la coupole, créée sur les mêmes dimensions, et reposant sur Saint-Pierre, éleva son dôme dans les cieux. La boule en cuivre qui la termine, et qui, de la place du Vatican, ne paraît pas plus grosse qu'une mappemonde ordinaire, peut contenir neuf personnes.

Le célèbre architecte C. Fontana calcula, vers 1693, que les sommes employées à l'érection de cette métropole s'élevaient à 251,450,000 fr. Des dépenses presque aussi considérables ont dû être faites pour en décorer l'intérieur. La sacristie seule, véritable palais, ornée de colonnades en marbre et lambrissée de citronnier et d'acajou, est revenue à plus de 8,000,000 de francs. Le maître-autel et la chaire de Saint-Pierre, qui furent coulés avec les bronzes ravis aux portiques du Panthéon, coûtèrent seulement de main-d'œuvre 1,113,000 fr. Il se trouve, dans cet édifice, une trentaine de tableaux en mosaïque, et chacun d'eux revient à 107,000 fr. Enfin, on y voit aussi des tombeaux de rois, de reines et de papes, et plusieurs d'entre eux ont coûté plus de 125,000 fr. Que l'on ajoute à cela les sommes immenses qui ont dû être employées pour couvrir tout l'intérieur de la coupole et des différens dômes secondaires de tableaux en mosaïque; pour revêtir de marbre chacune des colonnes et les décorer d'écussons, de portraits et de bas-reliefs, et alors l'on aura une idée approximative des sacrifices qu'il a fallu faire pour ériger cette merveille de l'univers.

Tel est le monument enfanté dans les jours de puissance du christianisme. Quelle différence il offre avec les simples autels élevés par les fidèles au fond des catacombes, et si profusément arrosés de leurs larmes et de leur sang! Au milieu des merveilles de l'art dont on est environné dans Saint-Pierre, on se surprend quelquefois oubliant l'Eternel dans son temple.

Il n'en est pas ainsi aux catacombes : tout y respire le christianisme et rappelle ses martyrs ; que l'homme dont l'ame ne s'émeut pas à l'impression des pensées religieuses, descende dans ces sombres retraites, il en sortira plein de croyance et de foi.

Une église et un couvent sont bâtis sur les catacombes ; c'est un religieux qui guide le voyageur dans ce dédale de la mort ; il est français...... Qui l'a jeté parmi une nation étrangère ? quelles peines l'ont porté à l'existence monastique ?..... Sa bouche impassible n'en dit rien, et elle ne sourit plus au souvenir de la patrie. Consacré au cloître et vivant dans les tombeaux, la voix des passions n'effleure plus sa pensée... ; sa pâle figure révèle l'empreinte des violentes convulsions de la vie ; mais le calme semble avoir succédé aux orages, et ses yeux ternes et immobiles se s'animent plus qu'à la vue des tombeaux dont il raconte l'histoire au voyageur.

Ce ne sont point de larges galeries, de sonores voûtes qui composent les catacombes, ainsi qu'on pourrait le croire d'après des descriptions où il règne plus de poésie que de fidélité : ce sont d'étroits et tortueux boyaux dont la tête du visiteur touche presque le haut, et où deux personnes ne peuvent marcher de front ; ils sont taillés dans un sable que sa couleur noire fait ressembler à une tenture funéraire ; on marche sur la poussière ; tout est silencieux ! Les parois de ces souterrains étouffaient les sanglots et les chants d'allégresse des fidèles. Des deux côtés de la voie, et dans tout le tortueux trajet que l'on parcourt, se trouvent pratiqués des trous bouchés par de longues pierres ; ce sont autant de sépulcres qui contiennent les ossemens des premiers chrétiens. Çà et là, quelques simples dalles en pierre, revêtues d'une laconique inscription, annoncent le modeste sarcophage d'un des premiers papes, sans doute aussi vertueux que pauvre. Les écrivains de l'Eglise disent que plus de 170,000 chrétiens trouvèrent une tombe dans ces souterrains.

L'ame éprouve une espèce d'agonie dans ces retraites de la mort, la poitrine est oppressée par l'air de plomb que l'on y respire; l'homme habitué aux excursions souterraines, revoit lui-même avec plaisir la lumière en sortant des catacombes de Rome.

L'espèce de pouzzolane dans laquelle elles sont pratiquées, est formée de grains fins, peu adhérens et s'éboulant par parcelles à la moindre vibration et à chaque ébranlement des pas du curieux qui visite ce triste séjour. Aussi, à tout instant on découvre des chemins bouchés, et l'impassible moine vous fait remarquer ces accidens de funeste présage en faisant l'histoire du tragique événement qu'ils ont causé. « Ce chemin, nouvellement encombré, nous dit-il, conduisait vers la mer; une société de ciuquante personnes s'y était acheminée, quand cet éboulement les sépara des mortels, et ces tombeaux ensevelirent de nouvelles victimes! »

L'ARNO ET FLORENCE.

L'ARNO ET FLORENCE.

Quand on a erré pendant quelques jours dans l'aride désert qui entoure Rome, on est agréablement surpris de la richesse agricole de la Toscane. Dans les états du Saint-Père, les routes ne présentent que des terrains en friche ; autour de Florence tout est cultivé, et l'œil n'aperçoit que des habitations environnées de vignobles et de champs de blé et de maïs.

Les rives de l'Arno sont surtout remarquables par leur richesse et par la beauté de leurs sites pittoresques. Le chemin qui suit ce fleuve est bordé de maisons habitées par les plus belles filles qu'ait jamais produites l'Etrurie : on n'y trouve pas ces bergères à la main lourde et aux formes disgracieuses, que couvre ordinairement le chaume de nos hameaux ; les villageoises du territoire florentin dédaignent le soin des bestiaux, et ne s'occupent qu'à tresser, avec leurs doigts délicats, les beaux chapeaux de paille d'Italie si recherchés par les dames. Trouvant dans ce travail un bénéfice assez considérable, elles en profitent pour s'élever au-dessus de leur humble profession ; aussi, les voit-on s'exprimer avec une pureté qui charma de tous tems les poètes mêmes de l'Italie. Le Dante aimait à se trouver au milieu d'elles, et Alfiéri sortait souvent de Florence pour aller entendre ces belles filles aux cheveux ornés de fleurs, faire bruire à son oreille le langage harmonieux et poétique de la Toscane : *Ai fiorenti il pregio del bel dire,* dit l'immortel auteur tragique.

En remontant l'Arno, on découvre les côteaux émaillés qui ont fait comparer le site de Florence à une banette de fleurs, et c'est au milieu de ces montagnes que furent allaités le Dante et Michel-Ange. Florence passe pour être l'Athènes de l'Italie ; le charme de cette comparaison égare la pensée et fait croire au voyageur que l'ancienne ville étrurienne doit offrir les mêmes séductions dans ses monumens et ses mœurs, que la glorieuse cité de Minerve ; mais l'illusion cesse aussitôt que les portes en ont été franchies.

A Rome, l'œil aperçoit surgir de tous côtés quelques vestiges de l'art antique échappés à la hache des vandales ou aux injures du tems. Là, ce sont les trottoirs des rues qui se trouvent formés avec les débris des parvis d'un temple ; plus loin, des fragmens de bas-reliefs ont été mêlés à l'argile pour la construction d'une misérable chaumière, et l'on voit les somptueuses colonnes d'un palais de Mécène soutenir l'échoppe d'un épicier. A Florence on ne rencontre plus ces contrastes : cette ville, d'un type uniforme, est un emblême vivant du moyen-âge, et réalise cette époque par l'ensemble de ses monumens.

On est d'abord frappé de l'aspect des rues et de la gothique façade de quelques maisons encore totalement couvertes de fresques représentant d'anciennes batailles, avec des guerriers bardés de fer s'élançant au milieu de la mêlée. Chaque habitation est un fragment détaché de l'histoire du pays.

Dans cette ville, tout semble organisé pour la guerre; les anciennes maisons sont bâties massivement en pierres grossièrement ébauchées, et l'étroitesse de leurs fenêtres donne à celles-ci l'air de meurtrières; les portes sont garnies en fer. Cà et là s'élèvent des tourelles, on croit voir autant de forteresses; c'en étaient en effet autrefois, et chaque famille avait la sienne; dans les momens de troubles, elle s'y retranchait et combattait ses adversaires! Tems de barbarie, où chaque jour les dalles de Florence étaient souillées de sang par les atroces querelles des Guelfes et des Gibelins, ou par les assassinats des noirs et des blancs. Le palais du roi lui-même n'a pas échappé au génie de l'époque; il ressemble tout-à-fait à une prison, et son extérieur n'est guère plus affable que celui de Newgate.

Dans différens endroits de la cité, on découvre d'énormes chaînes en fer suspendues sur la tête des passans. Ce sont autant de trophées de la victoire : leurs lourds anneaux défendaient les portes de Pise, et, après la défaite des habitans de cette ville rivale, les Florentins vainqueurs les enlevèrent pour en orner les donjons des familles patriciennes qui s'étaient le plus distinguées dans la terrible lutte.

L'architecture gothique des églises de Florence est fort remarquable; l'extérieur est en marbre, et formé alternativement de plaques noires et de morceaux blancs, qui lui donnent l'air d'être revêtu d'une tunique funéraire. *La chiesa di Santa-Croce* recèle les cendres de Galilée, et prouve que les foudres de l'Eglise ne frappent pas sans appel. On y voit aussi le tombeau de Michel-Ange ; mais, qui pourrait le croire! près de lui s'élèvent les sarcophages du Dante, de Machiavel et d'Alfieri. Le monument du Dante est fraîchement ciselé ; le Dante, qui mourut dans l'exil, n'a trouvé que de nos jours un mausolée dans la patrie dont il fut la gloire, et sa cendre est honorée où sa tête fut mise à prix ; illustre victime des factions, tour-à tour chéri du peuple ou voué à sa malédiction, il est révéré actuellement par les descendans de ceux qui, l'injure à la bouche, le désignaient à la vindicte populaire, en criant : Voilà celui qui met les vivans en enfer !

A quelques pieds de distance de la cathédrale est le *campanile*, jolie tour gothique, toute recouverte en marbre. L'élégance de ses ogives et la finesse de ses dentelles en font un bijou d'architecture que Charles-Quint disait que l'on devrait conserver précieusement dans un étui.

Près de là s'élève le baptistère ou *tempio di San Giovanni;* il n'est célèbre que par ses magnifiques portes en bronze, ciselées par Ghiberti ; elles furent érigées par la piété des citoyens, en reconnaissance de la cessation de la peste qui désola Florence en 1400. Michel-Ange résuma leur beauté en disant qu'il les trouvait dignes d'appartenir au royaume des cieux.

Le musée de Florence donne sur la place Ducale ; c'est une collection magnifique où se trouvent réunis les chefs-d'œuvre de toutes les époques de l'art. Les harmonies et les contrastes de tant de richesses plongent les curieux dans l'extase. Là, c'est la Vénus de Médicis qui rivalise de grâce et de mélodie avec celles du Titien, voluptueusement couchées dans de gothiques cadres, où le brillant de leur coloris égale l'éclat de l'or; plus loin ce sont les pures conceptions de Raphaël qui avoisinent les saturnales de Teniers et de son école; ici la Niobé à la noble douleur, et le Mercure en bronze de Jean de Bologne, aux formes aériennes, s'opposent à des conceptions mâles, ébauchées sur le marbre par Michel-Ange, et que son ciseau a laissées imparfaites, ce qui leur donne l'aspect de vagues fantômes, dont les contours indécis se dessinent à travers un nuage.

Les pénitens noirs forment, à Florence, une association mystérieuse devant laquelle le peuple se prosterne. Un ample surtout noir, un immense chapeau et un morceau de toile qui leur masque le visage, leur composent un accoutrement sous lequel il est impossible de reconnaître personne. On dit que les hommes les plus recommandables de la ville et que le prince lui-même font partie de cette société philantropique: ils pourraient ne pas se voiler pour faire le bien, et ils inspireraient moins de terreur. Cette institution a du reste le malheur de retenir l'élan de l'humanité. — Si l'on arrache quelque victime aux ondes de l'Arno, il est défendu aux profanes d'y toucher, les pénitens seuls jouissant de la prérogative d'administrer des secours aux noyés. Le peuple court à la cathédrale signaler l'accident; on entend alors une cloche dont le glas est connu de la confrérie, et ses affiliés accourent et se rassemblent. Un d'eux est député vers le malheureux qui gît sur le rivage; il arrive, mais hélas! trop tardivement, et ne trouve jamais qu'un cadavre. — Pourquoi faut-il que dans une ville d'où jaillit tant de lumière et de civilisation, on voie encore tant de barbarie régner dans les institutions!

Ces pénitens noirs ajoutent souvent à l'effet théâtral des rues de Florence, et quand, dans le lointain d'une gothique colonnade, passe, précédée d'une croix, une troupe de ces religieux portant un cadavre ou un blessé, dans une espèce de cercueil drapé de la sombre livrée, on croit voir encore un épisode des anciens tems se réaliser sous ses yeux.

Cependant, hâtons-nous de le dire, malgré ses murailles guerrières et ses rues fortifiées, Florence n'en est pas moins le séjour de prédilection des sciences, de la littérature et de la civilisation italienne; mais il semble que le muses aient fixé leur séjour au milieu d'une citadelle. Dans cette ville on trouve des cabinets de lecture et des journaux, sources intellectuelles prohibées soigneusement sur la terre napolitaine et dans les états du pape. — On y voit des libraires, chose rare à Rome, et presque inconnue à Naples. Une des bibliothèques fondées par Michel-Ange possède, dans un précieux vase en cristal, un doigt de Galilée; c'était peut-être celui qui traçait la marche réelle des globes.

Là aussi le gouvernement offre aux amis des sciences de belles collections où ils peuvent se livrer à leurs études favorites. — La galerie d'histoire naturelle créée par l'abbé Fontana est restée stationnaire depuis cet homme célèbre. — Près d'elle se voit la collection de pièces anatomiques figurées en cire, qui fait l'admiration de tous les étrangers; il y règne un luxe difficile à décrire; elle remplit une vingtaine d'appartemens. Chaque organe, chaque os, chaque muscle ou chaque nerf, ont une préparation spéciale qui repose sur un morceau de satin blanc enrichi de franges d'argent, et elle se trouve protégée par un cadre en bois précieux. Dans une pièce particulière, où les curieux pénètrent seulement, les gardiens montrent la fameuse représentation de la peste et celle de la putréfaction. Il est impossible d'offrir la mort sous des couleurs plus vraies et plus hideuses. Cet œuvre est renfermé dans deux boîtes d'environ trois pieds, et les figures exécutées en cire n'ont guère que huit pouces de hauteur. Si les sculptures étaient plus grandes, il serait impossible d'en supporter l'aspect, et malgré leur petitesse, beaucoup de personnes regrettent la curiosité qui les conduisit dans leur fatal cabinet.

Les artistes ont plus sagement apprécié Florence que Rome ; cela tient peut-être à son homogénéité. C'est une seule époque que réalise la belle ville de la Toscane. Sur les bords du Tibre, au contraire, sont amoncelées trois Romes : celle d'Auguste, celle de Léon x et de Sixte v, et la triste Rome d'aujourd'hui. Aussi partout dans la cité de Romulus se voient entasser les monumens les plus disparates. Un obélisque égyptien est surmonté d'une croix, et s'admire près du sanctuaire des Apôtres, orné des plus riches conceptions de la statuaire. Là, les inestimables productions des sculpteurs de l'antiquité gisent dans un appartement voisin des grossières ébauches des premiers chrétiens; les belles colonnes des temples du Forum s'élèvent en face de la mesquine façade d'une église moderne, et les chétifs lions du Capitole sont écrasés par ceux de Canova.

Rien ne prouve mieux, par exemple, la partialité avec laquelle on a jugé quelques monumens antiques, que l'inspection

de la place du Capitole. Le Marc-Aurèle en bronze doré, qui a été tant vanté, cesse enfin de voiler ses défauts, depuis que les statues équestres des Balbus ont été découvertes sur le théâtre d'Herculanum, et qu'elles ont montré tout ce que l'art peut enfanter de merveilleux. Les lions qui se trouvent au bas de l'escalier triomphal prouvent encore bien mieux jusqu'où va l'engouement des appréciateurs de l'antiquité. — « Ces lions du Capitole sont noblement paisibles, dit Mme
» de Staël, et leur genre de physionnomie est la véritable
» image de la tranquillité dans la force. »

A guisa di leon quando si posa. DANTE.

Nibby se contente de dire :

» Au bas des balustrades de la rampe du Capitole sont deux
» beaux lions en granit noir, de travail égyptien. »

Vraiment on serait tenté de penser que les auteurs n'ont parlé de ces lions que d'après les traditions, car ces sculptures, auxquelles ils ont prodigué de si grands éloges, sont infiniment au-dessous de la médiocrité, et leur jugement n'aurait pu s'y méprendre si leurs yeux se fussent arrêtés sur elles. D'abord, ces figures, qui doivent être d'une époque qui remonte à plus de 500 ans avant l'ère de la chrétienté, ne sont ni des lions, ni des sphynx, ni des griffons, mais ce sont des être ambigus, des phénomènes hétérogènes tenant de la monstruosité de plusieurs natures et qu'il est impossible de classer rigoureusement dans le règne animal réel ou fabuleux.

LES TULIPES.

LES TULIPES.

La douce haleine du printems épanouit le calice des tulipes, et ces brillantes fleurs charment les amans de Flore par les rideaux diaprés de mille couleurs qu'elles forment au sein de nos jardins. Plongé dans l'extase, l'amateur en admire la vivacité; il les voit naître avec l'aurore, et succomber sous les ardeurs du midi; mais sa pensée fugitive ignore le mystère de leur existence, et dans ces fleurs dont les panneaux s'étalent ou se flétrisssent, rien ne lui révèle la puissance de la vie; cependant elles se développent comme des créatures animées, et elles ont des sexes et de chastes amours!

From giant oaks, that wave their branches dark,
To the dwarf moss, that clings upon their bark,
What beaux and beauties crowd the gaudy groves,
And woo and win their vegetable loves! (Darwin.)

La tulipe est la plante chérie des Orientaux; l'époque de son épanouissement donne chez eux le signal des plaisirs, et le bonheur semble régner un jour au sérail, quand arrive la *fête des tulipes*; le grand-seigneur la célèbre avec une magnificence extraordinaire; aussitôt que ces fleurs ont diapré la surface des jardins, on décore l'intérieur du palais avec des draperies où l'or étincelle; on apporte de tous côtés les plus belles tulipes, et on les place, sur des gradins, devant de nombreuses glaces, qui réfléchissent et multiplient leur image; des candelabres enrichis de nacre et de cristal répandent une lumière éblouissante sur les riches parures des odalisques. L'éclat qui résulte de l'alliance de l'art et de la nature, la musique enivrante qui se fait entendre, tout donne à cette cérémonie un charme inexprimable.

Chez les Persans, l'hommage que l'on rend à ces fleurs, quoique moins éclatant, n'est pas moins aimable; le coloris mélancolique de leur calice les fait regarder comme l'emblême des sentimens profonds et de l'amour parfait; aussi, pendant leur saison, chaque amant en offre à sa maîtresse comme le gage d'un attachement éternel.

La belle tulipe, dont les innombrables variétés embellissent nos parterres, fut d'abord décrite par Conrad Gesner, et la reconnaissance lui consacra le nom de cet immortel naturaliste (*Tulipa Gesneriana*). Cette espèce, qu'il avait observée dans un jardin d'Augsbourg, provenait de Constantinople; aussi, dans l'origine, pensa-t-on qu'elle était indigène de l'Orient; ce ne fut que dans des tems postérieurs qu'on la trouva décorant les pelouses agrestes et solitaires de la France méridionale.

Un demi-siècle plus tard, la culture de cet ognon se propagea en France, à l'imitation de la Hollande et de la Belgique qui s'en étaient avantageusement occupées; mais il paraît que l'antiquité avait déjà obtenu les belles variétés que revendique notre époque, car on montre au Vatican une mosaïque de Pompéi, représentant une corbeille de fleurs, parmi lesquelles se voient des tulipes richement bigarrées.

Les plus grands hommes trouvèrent souvent leurs plaisirs dans la culture des fleurs; Condé, vieilli et couvert de lauriers, en soignait pour se distraire dans sa retraite de Chantilly; Réné d'Anjou, exilé de ses palais, oubliait la pourpre royale en élevant ses œillets sous le beau ciel de la Provence. Descartes lui-même aimait le jardinage, et, de tems à autre, reportait sur la terre ses regards habituellement tournés vers les célestes régions. Si aucun personnage remarquable n'illustra les tulipes par son goût pour elles, la multitude au moins leur a constamment accordé son hommage. Peu de tems après que la culture de leur bulbe se fut propagée en Europe, elles devinrent un objet de mode, et certains amateurs poussèrent presque jusqu'au délire leur amour pour ces plantes : de là l'expression proverbiale de *Fou-Tulipier*. Le satyrique Labruyère fait un grotesque tableau de ces tulipomanes qui soignent leurs ognons avec extase, et en font l'occupation la plus douce et la plus grave de leur vie contemplative.

Les amateurs flamands et les Hollandais cultivèrent principalement ces fleurs avec passion; il les estimaient trop souvent à un prix exorbitant. On raconte que des tulipes se vendirent jusqu'à quatre mille florins, et, par une singularité remarquable, l'ognon de l'une de ces plantes, que l'on avait décorée d'un nom pompeux, *Semper Augusta*, passa dans les mains de plusieurs tulipomanes, et fut acheté et vendu plusieurs fois de suite, jusqu'à cinq mille cinq cents florins; et, chose incroyable, ni les vendeurs ni ceux qui l'achetèrent ne l'avaient vu fleurir. A Lille, un particulier sacrifia une partie de sa fortune à l'acqusition de l'une de ces frêles plantes. On montre dans cette ville une brasserie qui fut donnée en échange d'un de leurs ognons, et cet établissement, par le nom de *Brasserie de la Tulipe*, qu'il porte encore aujourd'hui, atteste la folie de son ancien propriétaire. Quoique de nos jours le goût des plantes bulbeuses soit bien moins exclusif, quelques amateurs paient encore certaines variétés jusqu'à 12 ou 15,000 fr.; et cependant ces fleurs passagères ne durent que dix à douze jours.

Ce n'est qu'après avoir vu les parterres hollandais que l'on peut se faire une idée du coup-d'œil enchanteur qu'offrent les plantations de tulipes. On y rassemble cette immense variété de couleurs qui décorent leurs calices, et que les grands amateurs disposent avec minutie, par gradation de teintes, passant successivement des plus suaves aux plus éclatantes. Pour conserver chaque année cette harmonie de couleurs, les fleuristes ont même des tiroirs figurés comme leurs plates-bandes, avec des cases, afin que tout ognon soit, pendant l'hiver, resserré dans la même disposition où il se trouve durant l'été dans la terre, et qu'uue fleur égarée ne vienne point troubler l'harmonie générale. Tant de soins président même à ces arrangemens, que, de peur qu'un individu susceptible d'acquérir une riche stature ne dérobe la vue du calice de l'espèce qui ne parvient qu'à des dimensions plus modestes, les amateurs passionnés les disposent également par rang de taille.

Il n'est pas de soins assidus, d'attentions délicates, qu'un vrai tulipomane du Nord ne prenne pour prolonger l'existence de ses fleurs favorites et faire durer son extase. Tantôt il étend de longs rideaux de toile sur chacune de ses plates-bandes, pour les garantir des atteintes de la pluie ou des rayons dévorans du soleil; d'autres fois, on le voit poser sur les plus belles tulipes, de petites tentes portatives, qu'il ne relève que quand il veut les admirer à son aise.

Le velouté des couleurs, leurs panachures variées, ne suffisaient pas, il paraît, pour fixer éternellement l'attention sur les tulipes, et les amateurs leur donnent souvent les plus singuliers noms, afin de piquer plus vivement la curiosité; les héros de la fable, les hommes qui figurent dans les fastes de l'histoire moderne, fournirent tour-à-tour des dénominations à ces plantes; autres fois, le caprice et la mode en ont inventé et fait adopter de bizarres. Qui croirait, en voyant les couleurs douces et mélancoliques de quelques espèces, qu'elles se nomment cependant *Grand-Alexandre*, *Pucelle d'Orléans* ou *Vénus*? Certaines variétés de ces modestes fleurs sont décorées du nom de *Beauté incomparable*, *Gloria mundi*, *Perle d'Orient*, et il semble vraiment que le délire ait présidé à leur nomenclature.

Table des Matières.

FIN.

www.ingramcontent.com/pod-product-compliance
Lightning Source LLC
LaVergne TN
LVHW010042230826
846091LV00005B/1828

* 9 7 8 2 0 1 3 4 4 0 4 5 5 *